EMPREENDEDORISMO DIGITAL

PARA JOVENS CRIATIVOS E SEM PAI RICO

2ª edição

FERNANDO GOMES

EMPREENDEDORISMO DIGITAL

PARA JOVENS CRIATIVOS E SEM PAI RICO

2ª edição

JOVEM DE VALOR

SOBRE O AUTOR

Fernando Gomes nasceu em São Luis do Maranhão, filho de gente simples, mas muito dedicada à sua educação. Desde sua infância é envolvido com o universo da criatividade, das formas e cores, brincadeiras que o levaram a descobrir umas das suas maiores paixões: o design gráfico.

Aos 20 anos, abraçando oportunidades, decide se mudar para São Paulo, onde ampliou suas competências e habilidades práticas trabalhando para empresas do ramo da comunicação e agências de publicidade. Por onde passou, sempre deu ênfase ao design de resultados e novas mídias, ferramentas indispensáveis para novos modelos de negócio. Atualmente, Fernando Gomes está à frente da 7Bits Marketing Digital e mantém o Projeto Jovem de Valor, plataforma de incentivo e suporte aos jovens empreendedores digitais.

No presente, Fernando tem feito pesquisas voltadas para o gerenciamento de processos de negócio aplicado às startups e tem fomentado a criatividade empreendedora.

Copyright © Fernando Gomes de Oliveira

Os direitos de todos os textos contidos neste livro são reservados a seu autor, e estão registrados e protegidos pelas leis do direito autoral.

SUMÁRIO

Introdução ··· **9**
01 • Por que vender infoprodutos on-line? ···················· **15**
02 • Infoproduto? Mas o que é isso? ····························· **19**
03 • Por onde começar? ··· **23**
04 • A Cara do Negócio! ··· **29**
05 • Crie seu infoproduto! ··· **35**
06 • How much? ·· **41**
07 • Venda seu Infoproduto! ······································· **45**
08 • Pós-venda: Clientes engajados e fieis! ················· **53**
09 • Então, é isso? ··· **57**
Links úteis ·· **59**
Referências ·· **61**

INTRODUÇÃO

A existência humana, a vida, se tornou muito mais prática com os avanços tecnológicos alcançados nos últimos anos. Olhando 10 anos para trás, notamos como foram radicais as mudanças sociais, as mudanças dos nossos hábitos, decorrentes da tecnologia. O acesso à informação transformou nossa comunicação, a nossa linguagem, aproximou continentes e nos deu novas alternativas aos nossos costumes. A tecnologia, que vem com ímpeto, entra em choque com o conservadorismo que se opõe ao progresso e inovação. A Inovação, a internet e os novos meios de comunicação rompem com o que é tradicional e parecem ter mais autoridade que os velhos sistemas burocráticos. Choque de gerações, choques culturais, confrontos ideológicos... No fim do dia tanto faz, somos nós que decidimos como chamar o taxi[1]. De certa forma, posso dizer, nunca estaremos completamente preparados para receber tudo o que a tecnologia nos propõe e isso significada que devemos nos acostumar com os constantes upgrades.

Esse livro tem a ambição de mostrar que jovens criativos podem domar a fera tecnológica e usá-la em favor próprio ou de uma causa.

Em 94, quando poucos acreditavam no potencial da internet, a PizzaHut® lançava o primeiro site de vendas online. Sim! A primeira venda online do mundo foi uma pizza tamanho família sabor pepperoni! Hoje as vendas online da PizzaHut® sugerem números que passam dos 30% do seu faturamento. Não é à toa que um dos mercados online mais quentes é o do fastfood. Temos tantas formas de pedir pizza quanto os sabores que podemos escolher. Esse é um exemplo da tecnologia mudando nossos hábitos de consumo.

Você deve estar se perguntando como é que vai conseguir dinheiro com isso, certo? Será que isso funciona mesmo? Bom, vamos lá.
Antes de tudo, é bom mencionar que este livro nem mesmo sugere que você conseguirá ficar rico instantaneamente, muito menos ensina passos mágicos para conquistar seu primeiro milhão de dólares. Você não ficará rico da noite para o dia, isso seria um argumento falacioso e não passaria de misticismo materialista.

A ideia primária desse livro é ajudar jovens universitários a conquistar independência financeira, ou pelo menos prover auto-sustento, de forma criativa usando a internet.

Esse livro surgiu da confrontação de minhas próprias experiências, da não aceitação das condições das quais alguns dos meus colegas se submetiam motivados pela necessidade, do atropelo que é ter de trabalhar formalmente pela manhã e estudar a noite mesmo caindo de sono. Você sabe o que é comprar vários livros e não ter tempo pra ler? No quinto dia útil, sorte é tomar o salário, pagar a faculdade e sobrar um trocado que dê, pelo menos, pra comprar um BK. A motivação maior da existência desse livro é a luta de muita gente, de milhões de jovens, que não tem um pai rico ou um pai pobre como os do Robert Kiyosaki[2].

Nesses próximos capítulos, você vai aprender de forma muito prática como lançar seu primeiro negócio digital. Mesmo que você não tenha contato com os termos técnicos do marketing, não haverá dificuldade. Esse livro foi escrito numa linguagem simples, todos podem entendê-lo perfeitamente.

Sugiro, como porta de entrada, o mercado dos infoprodutos, mas você poderá migrar para outros campos de atuação quando se sentir mais seguro.

Boa Leitura!

---

[1] A chegada do aplicativo Uber® gerou polêmica no Brasil. Nas principais cidades, taxistas e motoristas particulares debatiam calorosamente sobre a legalidade do novo modelo de negócio.
[2] Robert Kiyosaki é autor do best-seller "Pai Rico, Pai Pobre".

> **É mais fácil inventar
> o futuro do que prevê-lo.**
>
> Alan Kay

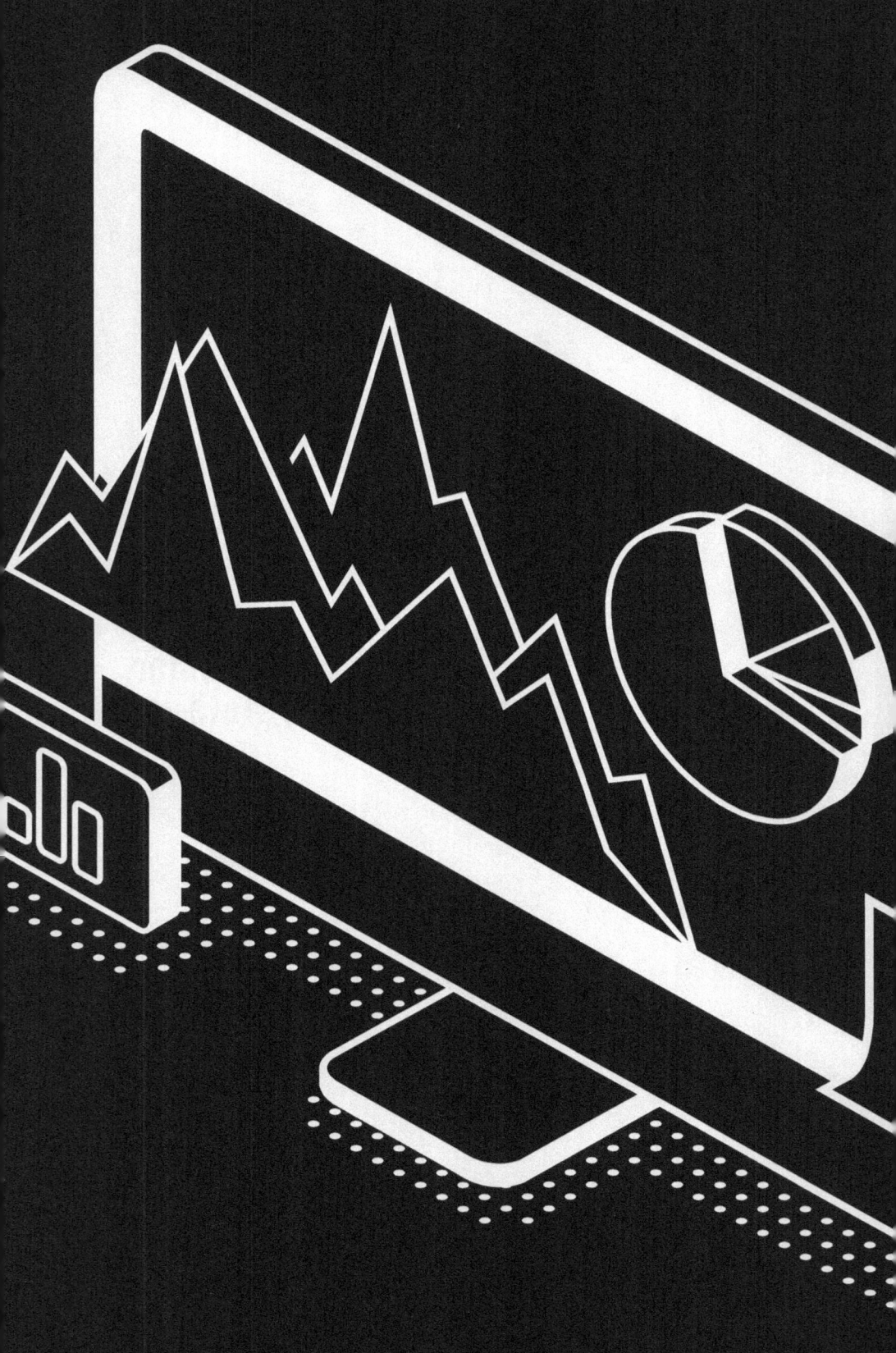

Capítulo 01

POR QUE VENDER INFOPRODUTOS ON-LINE?

E u deveria, nesse primeiro capítulo, apresentá-lo aos infoprodutos, dizer o que eles são. Sim, eu sei. Parece um jeito estranho de começar um livro. Concordo com você. Mas, embora seja, digamos, diferente, eu preciso levá-lo à refletir se isso realmente vale a pena ainda antes de colocar a "mão na massa". É justo.

Existem tantas vantagens de se comercializar um infoproduto que é até difícil enumerá-las, mas aqui estão as principais delas:
- Os infoprodutos são fáceis de produzir;
- Os custos de produção de um infoproduto são baixos, acessíveis;
- Quando se dá início a um negócio convencional, por menor que seja, geralmente é necessário investir algum dinheiro nas instalações comerciais, na loja física ou escritório, em equipamentos eletrônicos, estoque, recursos humanos... isso pode gerar uma grande dívida antes mesmo do negócio dar algum fruto, alguma rentabilidade. Começar um pequeno negócio no Brasil, além de burocrático, é muito caro, sendo comum custos de mais de R$50 mil reais. Vender infoprodutos on-line é uma maneira de começar o

seu próprio negócio com quase nada de investimento inicial, ou até mesmo sem tirar nenhum centavo do bolso.

É possível ter um bom lucro com isso, mas se quiser atrair o seu público, você precisará "jogar uma isca". Você poderá distribuir seu primeiro infoproduto, ou parte dele, gratuitamente, como um incentivo para que compradores em potencial entrem em sua lista de contatos e, dessa forma, você consiga se relacionar com eles, descobrindo quem são, os observando. Assim você mostrará suas habilidades, irá ganhar confiança e autoridade e, em seguida, poderá oferecer outros produtos com preços adequados. O que você está começando a criar é uma estrutura de relacionamento com seu cliente. Iremos falar muito mais sobre isso nos próximos capítulos, não fique ansioso. É mais simples do que parece.

Existem várias formas de usar infoprodutos para construir um negócio online. Nessa etapa da leitura você já é um empreendedor digital em busca do sucesso.

O que é um infoproduto? Como se faz? Como posso verdê-los e ganhar dinheiro com isso? São perguntas que devem estar flutuando em sua mente agora e é o que vamos ver na sequência.

Capítulo 02

INFOPRODUTOS? MAS O QUE É ISSO?

Um Infoproduto é qualquer produto digital que carrega alguma informação relevante, geralmente uma solução para algum tipo de problema específico. Soluções para problemas vendem mais e o motivo desse fato é muito simples: as pessoas pagam para se livrar dos seus problemas! A verdade é que dificilmente nos preocupamos em como evitá-los.

Um bom exemplo de infoproduto seria "Como Perder Peso: passos para vencer a balança de forma natural e saudável". Muita gente encara as gordurinhas como um problema terrível e, por isso, muitos buscam ajuda para emagrecer. Um infoproduto que atenda essa demanda seria uma ótima solução.

Um infoproduto pode ser feito em forma de vídeo, ebook (livro digital) ou ainda como uma gravação de áudio. Alguns tipos de infoprodutos são mais adequados em uma dessas formas do que em outros. Por exemplo, se você estiver ensinando pessoas a se maquiarem, definitivamente precisará de recursos visuais, nesse caso um vídeo seria melhor. Uma gravação de áudio seria terrível e, se fosse um ebook, seria necessário muitas fotos para ilustrar os detalhes. Se o infoproduto abordar assuntos como relacionamentos, um ebook ou gravações em áudio cairiam muito bem.

Encontre um assunto que você domina, em seguida, decida qual desses formatos é o mais adequado para apresentá-lo, vídeo, ebook, áudio, etc...

Capítulo 03

POR ONDE COMEÇAR?

Um dos maiores obstáculos para os novos empreendedores digitais é escolher que tipo de infoproduto criar. É claro que você pretende lucrar com seu produto, mas saiba que a maior recompensa será ver pessoas felizes com o que aprenderam através do conhecimento que você compartilhou, isso é promover mudança de hábitos e inspirar. Você precisa criar um infoproduto que resolva um problema, que ensine às pessoas como fazer algo. Como já mencionei, as pessoas precisam de ajuda para resolver seus problemas. Além disso, você precisa ter certeza de que há público para seu produto e que esse público tem condições de adquiri-lo. Ou seja, seu produto e seu público precisam ser perfeitamente compatíveis, tanto em conteúdo quanto em acessibilidade.

Muito se fala sobre os nichos de mercado, você deverá estudar e explorar seguimentos não muito abordados, observar as oportunidades e necessidades específicas de um grupo ou ainda atender grandes segmentos mais clássicos. O importante é que você busque produzir algo que responda a uma necessidade, algo que tenha demanda, que o público manifeste desejo.

Aqui está uma lista de ideias para bons infoprodutos destinados a grandes públicos famintos por informação. Forneça conteúdo relevante para solucionar o problema do seu público e você terá muitas pessoas gratas que se tornarão fãs do seu trabalho.

- Perda de peso
- Organização de casamento
- Automaquiagem
- Relacionamento amoroso
- Artesanato
- Exercícios físicos em casa
- Aulas de música
- Musicalização infantil
- Pets
- Maternidade

Isso não significa que você deve ficar preso apenas à esta lista, qualquer habilidade pode ser ensinada e transmitida através de infoprodutos. Trabalhos artísticos e reparos domésticos também são ótimos conteúdos que podem ser empacotados em forma de curso online. Desenvolva um método que permita que as pessoas aprendem a fazer algo com rapidez e facilidade, use isso como apelo para promover o seu produto.

"Aprenda a desenhar caricaturas, rápido e fácil!"
"Tire fotos como os profissionais - Aprenda passo a passo!"

Seja criativo! Existem milhares de oportunidades esperando para serem exploradas.

Se você está à procura de ideias, tente identificar o que seu público alvo precisa. Você pode começar a fazer isso através de uma pesquisa simples no Google®. É provável que já exista algum produto semelhante ao que você pretende criar, mas isso não significa que o mercado acabou. "Não há nada novo debaixo do sol", mas sempre irão existir pessoas interessadas nos seus diferenciais.

Não tenha medo dos concorrentes. Dê o melhor de você e certamente seu produto será bem recebido. Tente descobrir falhas dos concorrentes e preencha as lacunas, a necessidade de mais informações, e destaque esses pontos na promoção do seu produto.

Outra maneira simples de descobrir o que as pessoas precisam é pesquisando no Yahoo! Respostas. Considere explorar os temas que as pessoas estão perguntando.
Ao acessar o site, você verá uma lista de categorias no lado esquerdo da página. Se você já tem alguma ideia de que tipo de infoproduto deseja criar, você pode clicar na categoria de interesse e ver quais as perguntas as pessoas estão fazendo.

A seguir está uma lista com algumas categorias que o site Yahoo! Respostas exibe:

- Animais de Estimação
- Artes e Humanidades
- Beleza e Estilo
- Carros e Transportes
- Casa e Jardim
- Ciências Sociais
- Ciências e Matemática
- Comidas e Bebidas
- Computadores e Internet
- Ecologia e Meio Ambiente

Então, se quiser criar um produto sobre pets, você deverá clicar em "Animais de Estimação" e poderá ver as perguntas sobre esse tema. O importante é certificar-se de que exista realmente um mercado que tenha necessidade de consumir seu produto.

Mas se você realmente está com dificuldades para criar alguma coisa, ainda há uma saída, nem tudo está perdido. Existem alguns sites que vendem infoprodutos com direito de revenda, conhecidos como PLR - Private Label Rights. Nada mais é do que conteúdo de terceiros com licença para edição e adaptação. Você pode consegui-los de graça, mas certamente os pagos são melhores e não são caros, algo em torno de 5 dólares.

Existem milhares de produtos, centenas e centenas de ebooks, vídeos, áudios e até mesmo programas e aplicativos de celular. A dificuldade que alguns encontrarão é com o idioma. Geralmente os conteúdos dos PLRs são em inglês, mas nada que um tradutor freelancer não consiga resolver em pouco tempo e com custo acessível. Para os mais destemidos, a velha tradução do Google® e algumas correções manuais resolvem o problema, mas atenção na revisão, não deixe passar nenhum erro.

Você poderá diagramar, ilustrar, mudar a capa, alterar informações, suprimir ou adicionar conteúdo como quiser. Você deve deixar com a sua cara, com a sua linguagem. É completamente legal e você vai precisar dedicar menos tempo do que se fosse começar um projeto do zero.

Capítulo 04

A CARA DO NEGÓCIO

Agora que você já imagina o tema que quer abordar em seu infoproduto, você deve começar a pensar em sua marca pessoal e na identidade que quer atribuir aos seus produtos. Isso é Branding. E aqui não estamos falando apenas de um logotipo bonitinho ou da cartelinha de cores padrão da sua marca. Estamos falando de coesão entre o que seu produto é, sua qualidade, diferenciais e a forma como você apresenta tudo isso, que deve ser elegante, bem alinhada e, acima de tudo, sincera. Não prometa o que seu produto não poderá cumprir. Ao criar uma identidade de marca, você estará construindo uma relação de lealdade com seu cliente.

Se alguém citar o nome de Caetano, você automaticamente lembra do grande músico popular brasileiro. Quando você pensa em arquitetura, que nome surge em sua cabeça? É muito provável que seja Oscar Niemeyer. Se mencionarem uma certa senhorinha que falava palavrões, naturalmente você irá lembrar da Dercy, talvez esse seja um exemplo nada ortodoxo, mas de uma forma ou de outra, essa era uma das suas características marcantes. Pense em programas de culinária, você irá lembrar da Ana Maria Braga ou talvez da Palmirinha... Marca! Cada uma dessas pessoas citadas tem uma identidade própria, são reconhecidas pelo conteúdo que produziram, possuem seus próprios traços, uma voz. Essa marca permite construir uma imagem positiva e é o que dá destaque a cada uma dessas personalidades.

E qual a melhor forma de alcançar esse nível de reconhecimento e solidez da sua marca ou produto? Bom, isso leva um certo tempo, mas não é nada impossível. A dica é sempre entregar o melhor de você, seja especialista naquilo que você propõe, estude muito sobre o assunto que vai abordar, domine cada detalhe do seu produto. Lembre que você não irá simplesmente vender, você irá entregar valor, irá promover mudança de hábitos. Seu objetivo principal não deve ser meramente o lucro e sim alcançar corações, pessoas que ficarão satisfeitas com o que você tem a dizer.

Uma vez que seu público está satisfeito com a excelência do seu produto, certamente eles irão voltar, irão querer o que você tem de novo para oferecer. É ai que você começa seu relacionamento de amor com seu público, a sua lista de clientes satisfeitos começa a tomar corpo. Ao notificar essa sua lista sobre um novo produto, uma novidade, esses seus clientes cativos serão muito mais propensos a querer comprá-lo.

É possível que você queira criar apenas um único produto ou, pior que isso, vários produtos sem nenhuma relação entre si. Saiba que dessa forma, além de estar perdendo a grande oportunidade de repetidamente vender para os mesmos clientes que já o conhecem, se torna muito difícil firmar autoridade. Concentre suas forças em um tema e o explore ao máximo.

Um outro item importante que favorece a imagem de sua marca é ter uma identidade visual simpática. Elementos gráficos, cores e formas, ajudam a fixar informações na mente humana, você deve usar estes recursos para tornar seus produtos mais atrativos.

Tenha uma uniformidade visual em todos os seus produtos. Crie um padrão que o identifique e destaque seus produtos dentre os concorrentes. Por exemplo, experimente usar um mesmo padrão de cores no seu site, no seu ebook, nos elementos dos seus vídeos, etc... isso irá transmitir coesão, organização e beleza.

Para criar sua identidade visual, você não precisa ser um designer gráfico. Mesmo que você não tenha nenhuma habilidade com design, não há problema. Você pode até se aventurar criando seu logotipo no Paint®, algo conceitual e abstrato, o que definitivamente não é aconselhável e certamente não trará um bom resultado, ou ao invés disso você poderá usar plataformas online como wedologos.com.br ou 99designs.com.br para contratar esses serviços, e não sai caro. Você pode ainda contratar um designer freelancer para cuidar disso.

Você não é obrigado a ter um site, mas você será encontrado mais facilmente se tiver um. Coloque logo no topo do seu site uma imagem e texto que mostrem às pessoas que elas chegaram ao lugar certo. Esse "cabeçalho" deve representar o seu negócio de forma objetiva e impactante. Numa rápida olhada, seus clientes precisam ter a certeza de que você pode os ajudar, que você tem o que eles precisam. Por exemplo, se você estiver produzindo algo relacionado aos bichos de estimação, poderá usar uma imagem bem bonita de um cachorrinho e uma frase: "Aprenda a treinar seu cão, método fácil e prático". Ninguém vai querer ficar rodando dentro do seu site procurando informações escondidas, o site precisa ser fácil de navegar e direto ao ponto.

Então, o que você precisa para ajudar a estabelecer sua identidade é um design personalizado que tenha empatia com seu público. Um logotipo visualmente atrativo é uma linguagem não verbal que fala muito de você.

As possibilidades são limitadas apenas pela sua imaginação, mas tenha bom censo. Fuja do clichê, não é nada bom parecer brega, mas se funciona com seu público, vá em frente e seja feliz.

Capítulo 05

CRIE SEU INFOPRODUTO

Agora é a hora de falar do seu infoproduto, em que formato você irá entregar conteúdo.

Alguns dizem que a melhor forma de publicar um infoproduto é usando vídeos, que os vídeos são preferência da maioria dos produtores. Não se deixe levar por isso! O vídeo é perfeito para alguns tipos de infoprodutos, mas não é adequado para outros. Existem algumas desvantagens na apresentação de informações em forma de vídeo. As pessoas têm tempo limitado, estão sempre cheias de coisas para fazer e é comum o acúmulo de atividades simultâneas. Isso gera falta de atenção e revela o fato de ser cada vez mais difícil manter uma pessoa concentrada em um conteúdo.

É muito mais fácil buscar em um ebook as informações que você precisa do que em um vídeo. Você já deve ter tentado avançar um vídeo online enquanto ele ainda está carregando. Sim, é chato. Ficar procurando em que ponto do vídeo está aquilo que você quer rever não é tarefa animadora, trava, a conexão não ajuda, nessas horas tudo falha, é muito difícil. Portanto, o seu vídeo deve ser bem feito, organizado por subdivisões temáticas de modo a facilitar a audiência. Seja objetivo, sem firulas e delongas, não seja irritante.

O público é mais tolerante com os ebooks! Os leitores se sentem mais livres, podem avançar as páginas rapidamente para obter as informações que precisam. No entanto, como já mencionado, alguns infoprodutos se dão bem naturalmente com outros formatos.

Além dos ebooks e vídeos, temos também o áudio. Você pode contar histórias infantis, contos ou fábulas e, nesses casos, gravações em áudio funcionam muito bem. Se você tem um infoproduto que não dependa de apelos visuais, o formato de áudio é uma boa solução.
Um infoproduto em áudio também é uma boa opção para pessoas que têm a visão prejudicada, aí está um bom nicho a ser atendido.

Digamos que você escreva um livro de receitas – você não precisa ter faculdade para isso, qualquer um que tenha a habilidade de cozinhar pode escrever um livro de receitas – você poderá mostrar cada etapa do preparo com ilustrações, imagens do processo, do começo ao fim da receita, mostrando o resultado. Assim você terá um produto muito mais rico e atraente.
Se você quer ensinar como usar o CorelDraw®, é cômodo escrever um ebook, porém você corre o risco do seu produto ficar cansativo de ler e muito teórico. Porém, se você produzir um vídeo usando suas técnicas, trabalhando com a ferramenta e mostrando os resultados, é muito mais impactante. Ok? Mas como criar o infoproduto propriamente dito? Quais ferramentas devo usar?

Seu infoproduto pode ser feito de modo muito barato e simples. Para escrever um ebook você vai precisar de um editor de texto. Isso é tão elementar que pode parecer tolo, mas é exatamente o que você vai precisar. É provável que você tenha em seu computador algum programa que tenha essa finalidade, como o Word® por exemplo. É comum entre a maioria desses programas uma opção de salvar o arquivo em um formato de documento portátil conhecido como PDF. Caso você não tenha o Word®, existem alternativas gratuitas como o OpenOffice®, que funciona tanto em computadores Mac® como também em Windows®.

Se você quer algo mais sofisticado terá de usar programas específicos para isso, como o Illustrator® e o InDesign®, ambos vendidos pela Adobe®, porém possuem versões de teste grátis por 30 dias. Você tem ainda como opção o CorelDraw®, que também é pago, mas tem a fama de ser grosseiro. Mas a mais interessante das alternativas, pelo menos para um primeiro projeto, é o afamado Inkscape®. Este programa possui todas as ferramentas dos programas citados anteriormente e, o melhor de tudo, é completamente gratuito e aberto.

Para fazer um vídeo, além de uma boa câmera, iluminação e microfone, você precisará se preocupar com a edição, que é a etapa onde o vídeo realmente ganha vida e toma um formato profissional. há uma série de programas gratuitos ou de baixo custo disponíveis.
Para quem usa as máquinas da Apple®, existe o software iMovie®, que é perfeito, intuitivo e o resultado final fica altamente profissional. Aproveitando que estamos falando aos mac lovers, não podemos esquecer do Garageband® que é ótimo para podcasts e gravações de áudio.

Nos computadores com sistema Windows®, temos o MovieMaker®, que é muito simples e geralmente já vem instalado no pacote básico de programas. Embora ele seja rudimentar, pode ser tudo o que você precisa.
Existem vários outros editores de vídeo, mas um que merece destaque especial é o VideoSpin®, um dos melhores programas da

categoria, tem a assinatura da Pinnacle®, forte no ramo, é robusto e não deixa à desejar em nada se comparado com os concorrentes. Além disso, é grátis! Perfeito, não acha?

Uma modalidade que faz muito sucesso entre os infoprodutos são as vídeo aulas do tipo tutorial, que basicamente são aulas em vídeo no estilo passo a passo, que mostram a tela do instrutor e tem o objetivo de demonstrar as ações que ele executa. Para fazer um vídeo desse tipo, o que precisamos é de um programa de captura de tela. O Camtasia® é um programa de captura de tela e edição de vídeo excelente e muito popular entre os produtores, certamente é o programa que faz mais sucesso entre os do gênero. Porém, é impiedosamente caro, pelo menos para os que estão começando, atualmente algo em torno dos 300 dólares. Mas você pode aproveitar os 30 dias grátis disponíveis para teste.

Similar ao Camtasia® temos o Camstudio®, um belo diferencial que ele tem é ser grátis.
Honestamente falando, os programas pagos estão um passo à frente, possuem mais recursos disponíveis e um maior suporte, no entanto os programas livres não ficam muito atrás. Para criar um infoproduto, os programas gratuitos são mais do que suficientes para qualquer um.
Ao escrever um ebook, você deve guardar o arquivo original. Esse documento irá valer ouro e você vai precisar dele quando forem necessários ajustes e novas edições. Para a distribuição, é comum usarmos o formato PDF, que você exportará a partir do editor de texto.

Ao criar um vídeo ou áudio, você poderá inserir uma pequena vinheta, uma pequena abertura que não dure mais do que alguns segundos (5 segundos está ótimo) ou você simplesmente pode começar a falar sem introdução nenhuma.

Através dos programas de edição, você conseguirá inserir títulos e efeitos de transição ao seu vídeo, além de poder colocar aquela música bacana de fundo. Sem exageros, ok?

Não fique ansioso! Seu vídeo não precisa ser o mais-que-perfeito. Consumidores de infoprodutos não esperam uma super produção de Hollywood, eles não estão à procura de efeitos especiais extravagantes. O mais importante é não exagerar, seja moderado. Lembre-se que o "menos é mais". Nesses casos, o mais simples é o mais bonito.

Não esqueça que se tiver condições, você poderá contar com a ajuda de um profissional freelancer, mas nada melhor do que colocar a mão na massa pessoalmente e não precisar depender de terceiros.

Capítulo 06

HOW MUCH?

O preço é sempre uma questão delicada. Uma pessoa pode considerar que seu produto merece mais, já outro pode achar seu preço injusto, abusivo. O fato é que o valor do seu produto será percebido de formas diferentes por pessoas diferentes. Fazemos uma confusão grande quando damos a mesma definição para os termos preço e valor, na verdade são duas coisas bem diferentes. Preço é o que você paga, valor é o que você leva. Você paga 300 reais pelo seu plano de saúde, mas o que você leva é proteção, valor. Relevância do seu produto, apresentação, elementos de design, autoridade, tudo isso pode atribuir mais valor ao seu produto. Portanto, sempre quando damos início a um novo negócio, é bom começar pegando leve. Se você cobrar muito caro as pessoas não vão comprar, mas se você cobrar muito pouco, as pessoas podem achar que seu produto é inferior, que não presta.

Você deve observar outros infoprodutos semelhantes ao seu, deve estudar páginas de vendas dos concorrentes para ter uma ideia de como eles oferecem e quanto eles cobram por seus produtos.

Nesse ponto, perfeição é você conseguir manter a média de preço dos seus concorrentes. Você vai se sentir tentado, mas não cobre muito além daquilo que seus oponentes praticam.

Compare seu produto com outros parecidos. Se seu concorrente tem um ebook de 40 páginas e o seu tem 60, é provável que o seu esteja mais detalhado. Você poderá cobrar mais por ele.

Você pode e deve usar o preço como parte da sua estratégia de vendas. É interessante, por exemplo, vender o ebook a um preço mais barato, e oferecer outros infoprodutos adicionais que complementem o primeiro.

Algo que podemos fazer para que seu público perceba valor em seu infoproduto, é disponibilizar amostras, trechos gratuitos do seu conteúdo. Dessa forma, seus possíveis clientes poderão avaliar a utilidade do que você tem a oferecer e saber mais sobre você, isso gera autoridade.

Se você tem ou planeja ter um site, escreva conteúdo relevante sobre o tema que escolheu para seu negócio, tenha um blog com atualizações frequentes, se possível, tenha um canal no YouTube®, distribua informação de forma livre, despretensiosa, espontânea e simples, sem pedir nada em troca. Essas ferramentas irão ajudar a construir reputação e autoridade.

Outro recurso muito usado nos sites de vendas de infoprodutos, são as páginas de captura. Elas funcionam como anzóis para fisgar seus clientes, entenda isso num bom sentido. As iscas podem ser algum outro infoproduto, ebooks são perfeitos nesse caso, distribuídos gratuitamente nessa página especial. A grande sacada é que para fazer o download desse "brinde" as pessoas precisam fazer um cadastro simples, apenas preenchendo um ou dois campos informando nome e contato de email. Assim você terá uma lista de pessoas interessadas no seu conteúdo, compradores em potencial. Com essa lista formada, você tem a oportunidade de estreitar o relacionamento com esse público enviando semanalmente conteúdo relevante, que leve valor, de forma amigável, sem o objetivo de vender e sim de informar.

Nesses emails não ofereça seu produto de forma direta, caso contrário você será bloqueado como spam e todo o seu trabalho vai literalmente para o lixo. No fim do email, como uma assinatura, deve existir um link discreto que direciona seus possíveis clientes ao seu site de vendas.

Capítulo 07

VENDA SEU INFOPRODUTO

Saber como vender seu infoproduto é tão importante como criá-lo. Você pode elaborar um ótimo produto, impecável, mas se não conseguir vendê-lo seu sucesso estará incompleto, não é mesmo? O seu infoproduto não vai gerar nenhum retorno se ele permanecer incrustado no disco rígido do seu computador. Saiba dar asas a ele.

Existem inúmeras maneiras de vender um infoproduto na internet e você poderá até usar várias delas.
A forma mais básica de fazer isso é usando o Google Adwords®. Com um investimento relativamente barato, tendo um baixo custo por clique, você poderá anunciar diretamente ao público que tem interesse no seu infoproduto.

Adwords são os links de publicidade que você vê nas páginas de pesquisa do Google®, certamente você os conhece.
Se você tivesse um ebook sobre massagem e o anunciasse com adwords, seus anúncios apareceriam quando as pessoas buscassem no Google® frases como "Como fazer massagens", "Massagem relaxante", "Técnicas de massagem", etc... ou seja, seu

produto teria destaque sempre que um usuário fizesse uma pesquisa qualquer sobre o tema referente ao seu produto.

Existem pessoas que vendem seus infoprodutos em site do tipo MercadoLivre®, mas estes não são específicos para este fim. O risco é que esse tipo de site não oferece suporte de segurança contra pirataria. Não os indico.

Outra forma muito inteligente de vender seu produto é através do Hotmart®, um canal especializado em venda de infoprodutos. Você deve fazer seu cadastro e assim submeter seu produto para ser comercializado.

O mais vantajoso desse sistema de vendas é a parceria com afiliados. O Hotmart funciona integrando parcerias entre produtores e afiliados, que são aqueles que vão vender seu produto. Então, você deve incentivar afiliados a divulgar seu produto em troca de uma comissão.

Para atrair afiliados, você vai ter de oferecer uma percentagem dos seus lucros, seja generoso, pelo menos 50%. Em certa medida, eles são quem farão seu produto ter sucesso. O trabalho duro é dos afiliados.

Os afiliados têm paginas próprias de vendas, investem em marketing para gerar tráfego nos seus sites e blogs, eles escrevem artigos, se dedicam ao público e tiram do próprio bolso a grana para bancar tudo isso.

No próprio site do Hotmart, assim que você publicar seu produto, é possível que alguns afiliados apareçam. Dê algum tipo de suporte para que eles possam trabalhar melhor com seu produto. Treine-os, até uma conversa por Skype® é válido. Quanto mais você os incentivar, mais eles terão satisfação em vender o seu infoproduto.

Aqui estão algumas dicas para manter e atrair bons afiliados: nunca subestime seus afiliados. Ofereça bons recursos de marketing, banners para site, posts para redes sociais, imagens do seu produto. Isso facilitará as vendas. Na página de vendas do seu produto, use várias imagens do seu produto. Mostre a capa, ilustre da melhor forma possível. Ofereça ao seus afiliados artigos personalizados, eles poderão reescrevê-los e publicá-los em seus sites e blogs. Se possível, ofereça uma página personalizada, que dê destaque a experiência do seu afiliado. Se você tiver um site, essa página pode até mesmo estar inserida nele, no seu domínio. Use metas! Para cada afiliado que alcançar um determinado número de vendas, você pode o incentivar com um bônus, não necessariamente em dinheiro, pode ser um brinde, um presente, uma viagem.

Certifique-se de que os termos e condições da sua proposta aos afiliados são claros, especifique o que os afiliados podem e não podem fazer, seja transparente.

Existem ainda duas plataformas semelhantes ao Hotmart® as quais devemos destacar: Monetizze® e o Eduzz®, ambas ótimas. Além dessas plataformas, você pode considerar publicar seu curso na Udemy®, ótima alternativa para quem está começando.

O Google® também oferece a oportunidade de publicar seus livros através do Google® Books. Para vendê-los na loja do Google® você precisará submeter seu livro e aguardar a avaliação do conteúdo.

Você poderá usar todas essas ferramentas! Com organização e planejamento conseguirá administrar esses canais simultaneamente, sem muitas dificuldades. Seja dedicado e avalie cada uma dessas plataformas.

Precisamos agora criar sua página de vendas e começar a construir seu negócio.

Mais uma vez, uma das melhores coisas que você pode fazer é estudar as páginas de vendas dos seus concorrentes. A intenção não é copiá-los, mas ver o que eles oferecem e conseguir informações para montar uma oferta mais atraente. Por exemplo, se você está vendendo um ebook sobre musicalização infantil, você pode enfatizar que o seu ebook leva junto vídeos com músicas que podem ser utilizadas nessa atividade.

Se seu produto é uma série de vídeo aulas de piano, você deve ir além do que já é comum, deve dar informações mais aprofundadas ou ainda liberar bônus como partituras exclusivas em PDF. Você deve destacar algo que o diferencie, sua vantagem competitiva.

É importante analisar como as páginas de vendas são estruturadas. Começando no topo, você vai ver que as páginas de vendas têm grandes chamadas, uma frase de efeito, como se fosse uma manchete. Muitos sites usam isso e o motivo é simples: Funciona de verdade.

O título deve falar dos benefícios que o produto oferece. Esse texto precisa comunicar de forma objetiva o valor que seu cliente vai levar ao comprar seu produto.

Diga algo como: "Perca o medo da balança! Programa Rápido de Emagrecimento" ou "Culinária Saudável sem Mistério". Entendeu?

Observe que as páginas de vendas não têm blocos muito longos de texto. Debaixo da manchete você deve ter uma fotografia, um ou dois parágrafos sobre seu produto e, em seguida, um rodapé com contatos e redes sociais. Você precisa torná-lo fácil de ler. As imagens neste livro têm a mesma finalidade, elas quebram os trechos grandes de texto dando descanso aos olhos, fazendo com que a leitura fique mais agradável. Não é difícil.

Coloque todos os elementos da página, fotos, texto, botões e ícones, de forma alinhada. Organize os texto, use títulos e subtítulos.

Provavelmente seu cliente já tenha tentado outras alternativas que possivelmente falharam ou ainda não está satisfeito. Então ele está ansioso para encontrar um produto que lhe ofereça algo diferente.

Você deve fazer apelos que estimulem uma ação do cliente, que diga a ele o que deve ser feito, "Clique Aqui!", "Adquira Já o Seu!", "Saiba Mais!", etc... Botões com expressões como essas devem ser exibidas em vários lugares na sua página de vendas, todos direcionando para seu produto ou para mais informações sobre ele.

Isto é muito importante. Enquanto o cliente estiver navegando em sua página, você deve o orientar, deve indicar o caminho que ele deve fazer, desde o primeiro click até o ultimo botão de compra, caso contrário eles perderão o interesse e você provavelmente não irá revê-los.

Para se aproximar mais dos possíveis compradores e conquistá-los, produtores oferecem algum tipo de consultoria gratuita ou um webnar, uma espécie de webconferência, falando sobre um tema relevante de interesse do público-alvo. Seu produto deve ser apropriado para esse tipo de oferta.

E finalmente, na sua página de vendas, você precisa apresentar depoimentos de quem já é seu cliente. Esses depoimentos são poderosos argumentos em favor do seu produto.
A dúvida que fica no ar é: Como faço para conseguir esses depoimentos se ainda não vendi nada? Simples! Você vai doar

cópias do produto para algumas pessoas e em troca eles farão esses comentários.

    A maioria das pessoas vai dizer algo agradável sobre seu produto. Porém se você receber muitas críticas, então, honestamente, você deve repensar o seu produto, provavelmente, deverá fazer algumas mudanças, especialmente se vários deles apontarem a mesma coisa, como "Não ter sido claro!".
Não tenha medo de críticas! Elas, muito mais que os elogios, darão o caminho para você continuar crescendo.

Capítulo 08

PÓS-VENDA: CLIENTES ENGAJADOS E FIÉIS

Perfeito! Tudo está indo bem! Seu infoproduto foi publicado e as vendas estão indo de vento em popa! Trabalho concluído! Podemos agora descansar, tomar uma água de coco e esperar os resultados virem, certo? Errado! Agora é que a parte boa do jogo começa!

É aqui nessa etapa que você vai colher os resultados do primor com o qual produziu o seu infoproduto. No Pós-Venda você vai perceber o que seu público achou do seu conteúdo, daí a necessidade de você ser transparente e nunca prometer algo que não pode cumprir. Lembre que você não está simplesmente vendendo algo, seus propósitos devem ser muito maiores que esse. Você está criando um relacionamento com seu público, relacionamento que deve ser duradouro, que não pode ir só até o carrinho de compras.

Como diz Tony Hsieh, da Zappos, clientes podem esquecer o que você disse, mas nunca esquecerão o que sentiram. Todo o seu esforço deve ser para entregar valor ao cliente, fazer com que o cliente se sinta realizado com o seu produto. Quando você atinge esse grau, o cliente tem um envolvimento emocional com seu

produto, ele irá falar bem de você espontaneamente, fará aquele marketing do boca-boca que sempre será o melhor.
Então crie boas impressões, enlace o seu público. Seja apaixonado por eles e se dedique ao máximo pelo bem de cada um dos seus clientes.

Uma boa forma de demostrar essa atenção ao seu público, é reservar alguns minutos para pessoalmente ligar (sim, use o telefone do modo convencional) para alguns deles, pergunte o que achou, busque um feedback.

Você terá uma lista com todos os seus clientes, envie emails de agradecimento. Em outro momento, dê outras dicas, não os perca de vista.
Você pode, por exemplo, através das redes sociais, criar um clube onde você vai promover debates, trocas de informações sobre o tema do seu produto, poderá dar prêmios, etc... dessa forma você mantem seus clientes pertinho de você e os engaja ao seu negócio.
Desse ponto de vista, o pós-venda é tão importante quanto a venda, além disso, cria novas oportunidades para o negócio, novas produtos e novas vendas podem surgir desse relacionamento.

Digamos que agora você resolva criar novos produtos que atendam ao mesmo público que você já vem trabalhando, certamente esses clientes cativos estarão mais propensos a comprar novamente, pois já o conhecem e se mantêm ligados a você. Use isso como uma estratégia de vendas. Se seu produto for bem aceito, isso acontecerá sem muitos esforços, de forma natural, desde que você organize as ideias e as coloque em prática.

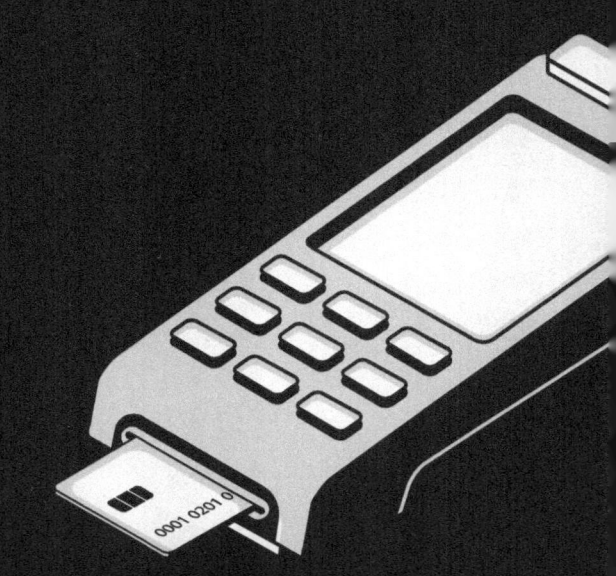

Capítulo 09

ENTÃO É ISSO?

Criar infoprodutos e vendê-los pela internet é um dos mais excitantes e acessíveis negócios. A única exigência é sua própria experiência, o seu conhecimento. É a opção perfeita para quem procura novos modelos de negócios, para aqueles que querem percorrer pelos novos caminhos que a web oferece.

Como vimos, para começar a vender seus infoprodutos não há a necessidade de muitos investimentos, os custos iniciais são muito baixos, quase zero. Isto significa que você poderá experimentar diferentes formas de venda e diferentes tipos de infoprodutos sem arriscar muito dinheiro.

Se você tem um computador, internet, um cérebro funcionando e interesse em ter seu próprio negócio online, então não há realmente nenhuma desculpa para não tentar lucrar com infoprodutos. É um negócio fabuloso e nunca antes a tecnologia e o homem estiveram tão íntimos como agora. Isso é fato!

De forma nenhuma devemos acreditar que comércio virtual é algo instantâneo, que dá resultado sem esforço. Não podemos de modo algum ter uma visão simplista sobre o universo online, no entanto, a proposta desse livro é tornar os conceitos pragmáticos do marketing digital tão simples que todos possam explorar esse vasto campo, ou pelo menos ter um primeiro contato facilitado.

Talvez você não tenha se dado conta, mas além de produzir o seu próprio conteúdo, nesse livro você também aprendeu, de forma prática e numa linguagem simples, o que é CRM (Customer Relationship Management), que é a forma como você irá abordar o seu cliente e como irá se relacionar com ele. Viu ainda como implantar o famoso "Funil de Vendas" e a usar o Inbound Marketing para conquistar possíveis compradores, os chamados leads.

Às vezes, pronunciar esses termos técnicos é interessante e no discurso faz até o palestrante parecer mais inteligente, sofisticado, convencedor... mas na maioria das casos só nos deixa confusos. A verdade é que temos uma mania de tornar coisas simples em terríveis emaranhados de complexidade. Até o próprio Cristo parece ter passado por isso, enquanto os religiosos de sua época mantinham pesadas tradições e complexos tratados litúrgicos, Ele ensinava a transcedentalidade celeste com profundidade usando simples parábolas. Fica o Seu grande exemplo. Sempre haverão novos mares a navegar, estude as novas rotas e tenha coragem para desbravar os novos caminhos. Dedicação é o vento que inflará suas velas.
Você está pronto? Então agarre o seu sucesso!

LINKS ÚTEIS

Um pouco da história da PizzaHut® e seu universo on-line.

http://blog.pizzahut.com/our-story/

Infoprodutos para revenda

http://master-resale-rights.com

http://www.idplr.com

Nem todas as respostas são úteis, mas... Yahoo! Respostas!

https://br.answers.yahoo.com/

Designers Freelancers

http://www.wedologos.com.br/

https://99designs.com.br/

FERRAMENTAS GRATUITAS

http://www.openoffice.org/pt-br/

https://inkscape.org/pt

http://pinnacle-videospin.br.uptodown.com

http://camstudio.org/

Onde você pode vender? Aqui!

https://www.google.com.br/adwords/

https://www.hotmart.com/pt/

REFERÊNCIAS

FERRAZ, Eduardo. **Negocie Qualquer Coisa Com Qualquer Pessoa**. São Paulo: Gente, 2015.

KOTLER, Philip; KELLER, Kevin. **Administração de marketing**. 14ed. São Paulo: Pearson, 2013.

STRAUSS, Judy. **E-Marketing**. SÃO PAULO: PEARSON, 2011.

TURBAN, Efrain; LEIDNER, Dorothy; WETHERBE, James; MCLEAN, Ephraim. **Tecnologia da informação para gestão: transformando os negócios na economia digital**. 6ed. Porto Alegre: Bookman, 2010

QUER FALAR COM O AUTOR?

 xfernandogomes

www.ingramcontent.com/pod-product-compliance
Lightning Source LLC
Chambersburg PA
CBHW031529210526
45463CB00011B/2664